Dinosaurios por diseño

LOS REPTILES VOLADORES

CLASIFICACIÓN POR VELOCIDAD, FUERZA E INTELIGENCIA

MARK WEAKLAND

BLACK RABBIT BOOKS

Bolt es una publicación de Black Rabbit Books
P.O. Box 227, Mankato, Minnesota, 56002.
www.blackrabbitbooks.com

Jennifer Basel, editora;
Catherine Cates, diseñador del interior;
Grant Gould, diseñador del exterior;
Omay Ayres, investigación fotográfica
Traducción de Travod, www.travod.com

Información del Catálogo de publicaciones de la Biblioteca del Congreso
Names: Weakland, Mark, author.
Title: Los reptiles voladores : clasificación por velocidad, fuerza e inteligencia / por Mark Weakland.
Other titles: Flying reptiles. Spanish
Description: Mankato, Minnesota : Black Rabbit Books, [2020] | Series: Bolt. Dinosaurios por diseño | Audience: Age 8-12. | Audience: Grade 4 to 6. | Includes bibliographical references and index.
Identifiers: LCCN 2018053596 (print) | LCCN 2018056540 (ebook) | ISBN 9781623102203 (ebook) | ISBN 9781623102067 (library binding)
Subjects: LCSH: Pterosauria--Juvenile literature.
Classification: LCC QE862.P7 (ebook) | LCC QE862.P7 W4318 2020 (print) | DDC 567.918--dc23
LC record available at https://lccn.loc.gov/2018053596

Impreso en los Estados Unidos de América

Créditos de las imágenes

252mya.com: Julio Lacerda, 19; Alamy: Stocktrek Images, Inc, 11 (dino), 24–25; Xinhua, 16; iStock: MR1805, 22; Science Source: Dorling Kindersley, 27; Kurt Miller, 4–5; Mark P. Witton, 20; Roger Harris, 1; Sergey Krasovskiy/Stocktrek Images, Cover; Shutterstock: 90miles, 11 (huellas), 21; Alexey Seafarer, 13 (m); Arcady, 28 (escamas); Catmando, 3, 6–7 (primer plano), 29 (i), 32; Dariush M, 23 (p); Debbie Steinhausser, 13 (i); Elenarts, 29 (m); Eroshka, 8–9; Herschel Hoffmeyer, 15 (fondo), 29 (d); Michael Rosskothen, 23 (c fondo); Ralf Juergen Kraft, 23 (c dino); Space-kraft, 6 (fondo); Valentyna Chukhlyebova, 13 (d); Warpaint, 1, 31; Vincent Coviello: 15 (dino)

CONTENIDO

CAPÍTULO 1

LOS DUEÑOS de los cielos prehistóricos

Algo cae de un lado de un acantilado. De repente, se despliegan amplias alas. El cuerpo se eleva hacia el cielo. No es un pájaro. No es un avión. Y no es un dinosaurio. Esa cosa en el aire es un **reptil volador**.

Hace mucho tiempo, tres grupos de reptiles dominaban la Tierra. Un grupo eran los dinosaurios. Otro eran los cocodrilos. El tercer grupo eran reptiles voladores llamados Pterosaurios.

PTEROSAURIO: CARACTERÍSTICAS

Alas de piel

Los Pterosaurios volaban con alas de piel, no de plumas. Los científicos han encontrado sus **fósiles** en todo el mundo. Algunos Pterosaurios eran del tamaño de grandes murciélagos. Otros eran del tamaño de aviones pequeños. Volaban por los cielos 70 millones de años antes de las primeras aves.

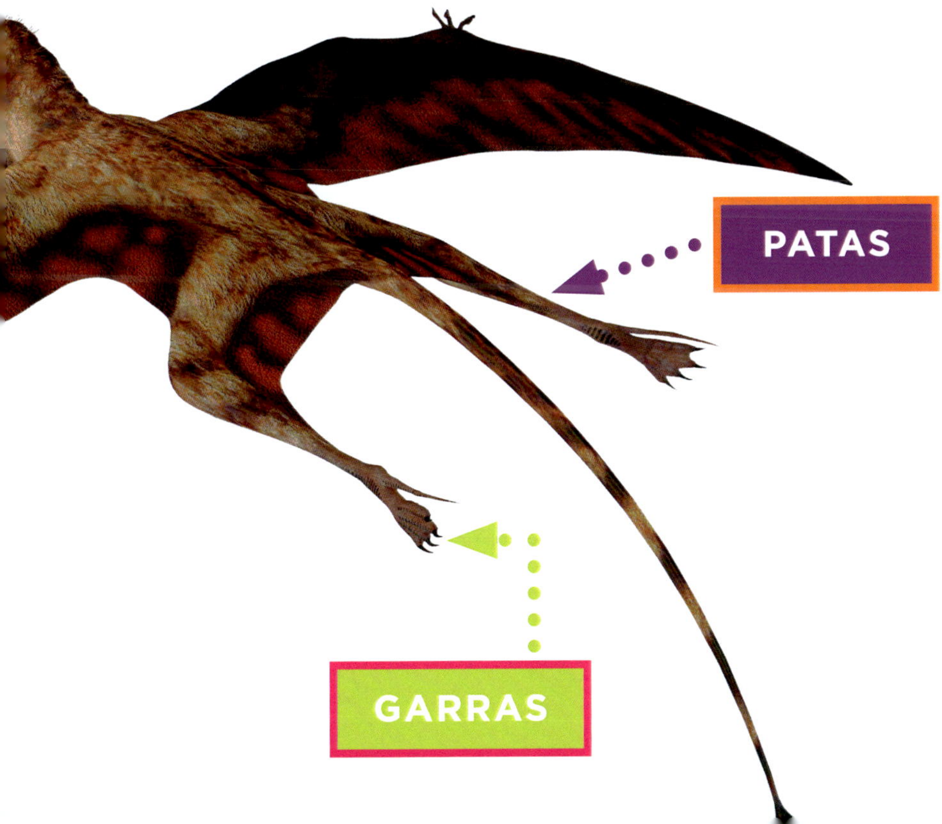

LUGARES DONDE SE HAN ENCONTRADO ALGUNOS FÓSILES DE PTEROSAURIOS

ALEMANIA
Anurognathus
Ranforrinco
CHINA
Hamipterus
PORTUGAL
Ranforrinco
TANZANIA
Ranforrinco

CAPÍTULO 2

Comparemos a los PTEROSAURIOS

Dimorfodonte

El Dimorfodonte tenía dos tipos diferentes de dientes. Los dientes largos en la parte frontal de su mandíbula pueden haberlo ayudado a atrapar **presas**. Probablemente comía insectos. También tenía dientes planos en la parte trasera de la mandíbula. Esos dientes los usaba para moler el alimento.

DATOS DESTACADOS

LONGITUD DEL CUERPO
hasta
36 pulgadas
(91 centímetros)

PESO
alrededor de
2 libras
(1 kilogramo)

ENVERGADURA
alrededor de
4 pies
(1 metro)

Es posible que el Dimorfodonte trepara a los árboles, luego saltara y planeara como una ardilla voladora.

DATOS DESTACADOS

LONGITUD DEL CUERPO	alrededor de **72 PULGADAS** (183 CM)	ENVERGADURA **20 a 25 PIES** (6 a 8 M)
PESO	alrededor de **25 LIBRAS** (11 KG)	

COMPARACIÓN DE ENVERGADURAS

Pteranodonte

El Pteranodonte tenía una gran **cresta** hecha de hueso. La cresta era parte de su **cráneo**. Este animal también tenía otra característica inusual. No tenía dientes. Tal vez recogía pescado en su boca como un **pelícano**.

Ranforrinco

Se han encontrado fósiles de este reptil volador en Europa y África. Sus mandíbulas eran largas y estrechas. Sus dientes afilados apuntaban hacia afuera. Ambas características lo ayudaban a atrapar peces. Su amplia envergadura lo ayudaba a elevarse por el aire.

DATOS DESTACADOS

PESO
1 a 2 libras
(0,5 a 1 kg)

LONGITUD DEL CUERPO
20 pulgadas
(51 cm)

ENVERGADURA
hasta 3 pies
(1 m)

Hamipterus

El Hamipterus probablemente haya vivido en grupos alrededor de ríos y lagos. Como otros reptiles voladores, es probable que atrapara peces mientras volaba sobre el agua. Su cresta larga y estrecha le daba un aspecto diferente. Nadie sabe de qué color era la cresta. Tal vez fue de color rojo brillante, amarillo o naranja.

DATOS DESTACADOS

LONGITUD DEL CUERPO	desconocido	ENVERGADURA hasta 10 PIES (3 M)
PESO	desconocido	

Anurognathus

El nombre de este dinosaurio significa "sin cola ni mandíbula". Era un reptil pequeño de aspecto extraño. Probablemente parte de su cuerpo estaba cubierto por pelaje. Su cabeza era corta. Sus dientes eran afilados y en forma de alfileres. Unos pequeños bigotes rodeaban su boca.

DATOS DESTACADOS

PESO
alrededor de 0,09 libras (0,04 kg)

LONGITUD DEL CUERPO
alrededor de 4 pulgadas (10 cm)

ENVERGADURA
1 a 1,5 pies (0,3 a 0,5 m)

Los científicos creen que el Anurognathus comía insectos.

Quetzalcoatlus

Algunos reptiles voladores eran grandes, pero este era enorme. Todo en este animal era gigante. Además de una gran cresta, tenía un gran **apetito**. Probablemente comía pequeños dinosaurios con sus enormes mandíbulas sin dientes.

DATOS DESTACADOS

PESO
hasta 550 libras (249 kg)

LONGITUD DEL CUERPO
alrededor de 197 pulgadas (500 cm)

ENVERGADURA
36 a 39 pies (11 a 12 m)

EL DESPEGUE

Los científicos creen que los pterosaurios tomaban vuelo de diferentes maneras.

ALGUNOS PUEDEN HABER SALTADO DESDE EL SUELO, PARA LUEGO BATIR SUS ALAS.

OTROS SALTABAN DE LOS ACANTILADOS Y LUEGO PLANEABAN.

ALGUNOS PUEDEN HABER TREPADO A LOS ÁRBOLES, PARA LUEGO SALTAR Y PLANEAR.

DATOS DESTACADOS

LONGITUD DEL CUERPO	hasta 48 pulgadas (122 CM)	ENVERGADURA alrededor de 8 PIES (2,5 M)
PESO	alrededor de 10 LIBRAS (5 KG)	

Pterodaustro

El Pterodaustro era del tamaño de un flamenco. Vivía a lo largo de las costas. Su largo pico estaba lleno de dientes delgados. Los dientes eran como las cerdas de un peine. Servían para separar los alimentos del agua. Este reptil probablemente comía **plancton** y camarones.

CAPÍTULO 3

Antes de las AVES

Los Pteroseurios no eran murciélagos ni pájaros. Eran reptiles voladores. Volaban con alas de piel, elevándose fácilmente por el aire. Algunos eran tan pequeños como aviones de papel. Otros eran del tamaño de aviones pequeños. Y vivieron en la Tierra por más de 150 millones de años.

¡COMPÁRALOS!

Clasifica los animales de este libro. Luego ve a buscar información sobre otros reptiles voladores. ¿Cómo se comparan?

PESO

Anurognathus	Ranforrinco	Dimorfodonte
alrededor de 0,09 libras (0,04 kg)	**1 a 2 libras** (0,5 a 1 kg)	**alrededor de 2 libras** (1 kg)

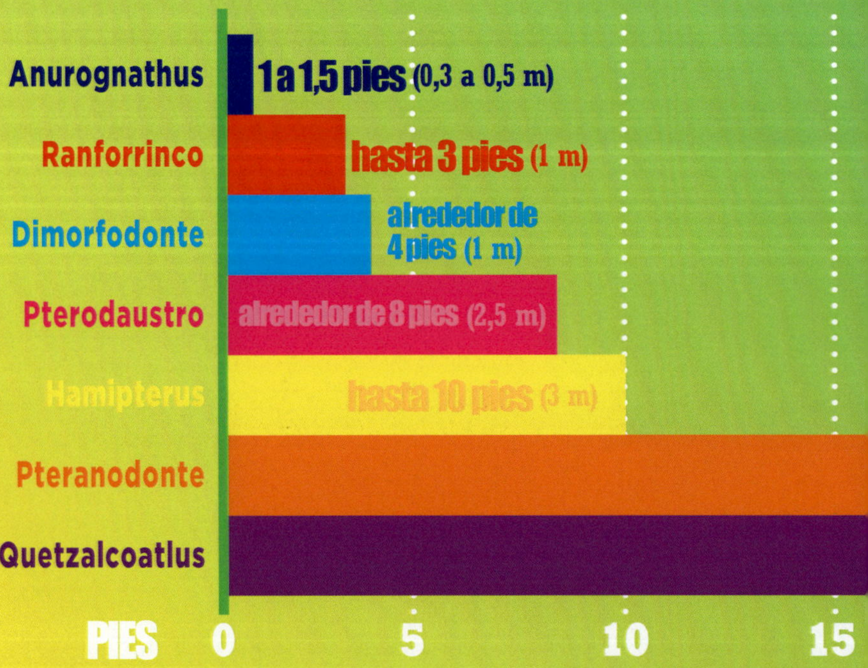

LONGITUD DEL CUERPO

Quetzalcoatlus alrededor de 197 pulgadas (500 cm)

Pteranodonte alrededor de 72 pulgadas (183 cm)

Pterodaustro hasta 48 pulgadas (122 cm)

ENVERGADURA

apetito: el deseo de comer

cráneo: el esqueleto de la cabeza que protege el cerebro y sostiene las mandíbulas

cresta: parte que sobresale o penacho en la cabeza de un animal

fósil: los restos o rastros de plantas y animales que se conservan en forma de roca

pelícano: un ave grande que come peces con patas de red con un pico muy grande

plancton: vida animal y vegetal muy pequeña de un océano, lago o río

presa: animal al que lo cazan o matan para comerlo

reptil: animal de sangre fría que respira aire y tiene columna vertebral; la mayoría de los reptiles ponen huevos y tienen la piel escamosa

ÍNDICE